In meiner Trauer

VORWORT

Der Tod ist ein Problem der Lebenden.

Norbert Elias

Obwohl das Sterben, der Tod und die Trauer unumgänglich mit
unserem Leben verbunden ist, so ist es dennoch ein Thema, mit
dem sich kaum einer befasst.
Wir nehmen uns zu wenig Zeit, um uns über die Eventualitäten
des allgegenwärtigen Todes Gedanken zu machen, uns mit ihm
„bekannt zu machen". Doch dem Tod werden wir deswegen nicht
ausweichen können, indem wir ihn ignorieren.

Die Trauer ist ein Verarbeitungsprozess, der eine absolute Notwen-
digkeit ist, ein Zustand, der unabdingbar mit dem Verlust eines
Menschen zusammen hängt. Die Trauer muss durchlebt werden,
um weiter machen zu können, um wieder glücklich werden zu
können, auch wenn ein wichtiger Mensch für immer fehlen wird
und eine unauffüllbare Lücke im Herzen hinterlässt.

Mit diesem Buch wollen wir unsere Trauer und unsere Auseinan-
dersetzung mit dem Tod sowohl in verbaler wie auch in symbo-
lischer Form darstellen und all denen zur Verfügung stellen, die
in ihre Trauer nicht alleine sein wollen und sie genauso wichtig
nehmen, wie wir es tun.

Ich hab die Nacht geträumet

Wohl einen schweren Traum.

Es wuchs in meinem Garten

Ein Rosmarienbaum.

Ein Kirchhof war der Garten,

Das Blumenbeet ein Grab,

Und von dem grünen Baume

Fiel Kron und Blüten ab.

Die Blüten tät ich sammeln

In einem großen Krug,

Der fiel mir aus den Händen,

Daß er in Stücke schlug.

Draus sah ich Perlen rinnen

Und Tröpflein rosenrot.

Was mag der Traum bedeuten?

Herzliebster, bist du tot?

altes Volkslied

Martin Kreuels

alles anders

Martin Kreuels

tag aus, tag ein
blicke, berührungen, kleine gesten
alltag, gewöhnung
vertrautheit, sicherheit
geborgenheit
wärme

ein befund
alles anders, alles dreht sich, keine linie
sorgen, ängste
ungewisse zukunft
Welche Zukunft?

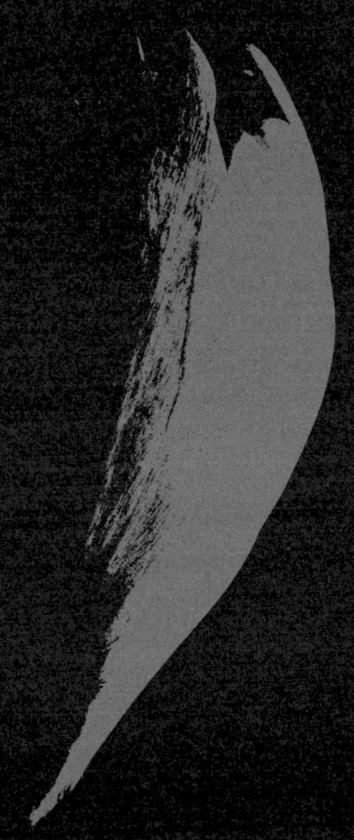

stille
kein atem
keine bewegung
keine reaktion
kein kontakt
kälte

einsame nächte
funktionierende hülle
gedanken bei dir, nicht hier
fragen ohne antworten
ungewissheit
leere

menschen auf der strasse
paare überall
lächelnde menschen
schulterklopfen
hilfsbereite hände
neid

ich stehe an einem fleckchen erde
eine kerze brennt
eine blume verwelkt
ich gehe zögerlich weiter
die zeit rennt
und Sie bleibt stehen
tränen

abend

Martin Kreuels

hinter dem schreibtisch

kinder im bett

stille im haus

leise musik

draussen alles dunkel

licht im haus gegenüber

silhouette eines paares

zusammen

wein auf dem tisch

ein feuer im kamin

reden, lachen

bewegung

                                    übermorgen bist du ein monat tot

stille

laute stille

schreiende stille

auffressende stille

wieder ein tag geschafft

nur geschafft

nicht gelebt

nur funktioniert

alles im nebel

ja gelacht

andere helfen

äußerlich

innerlich leer

du fehlst

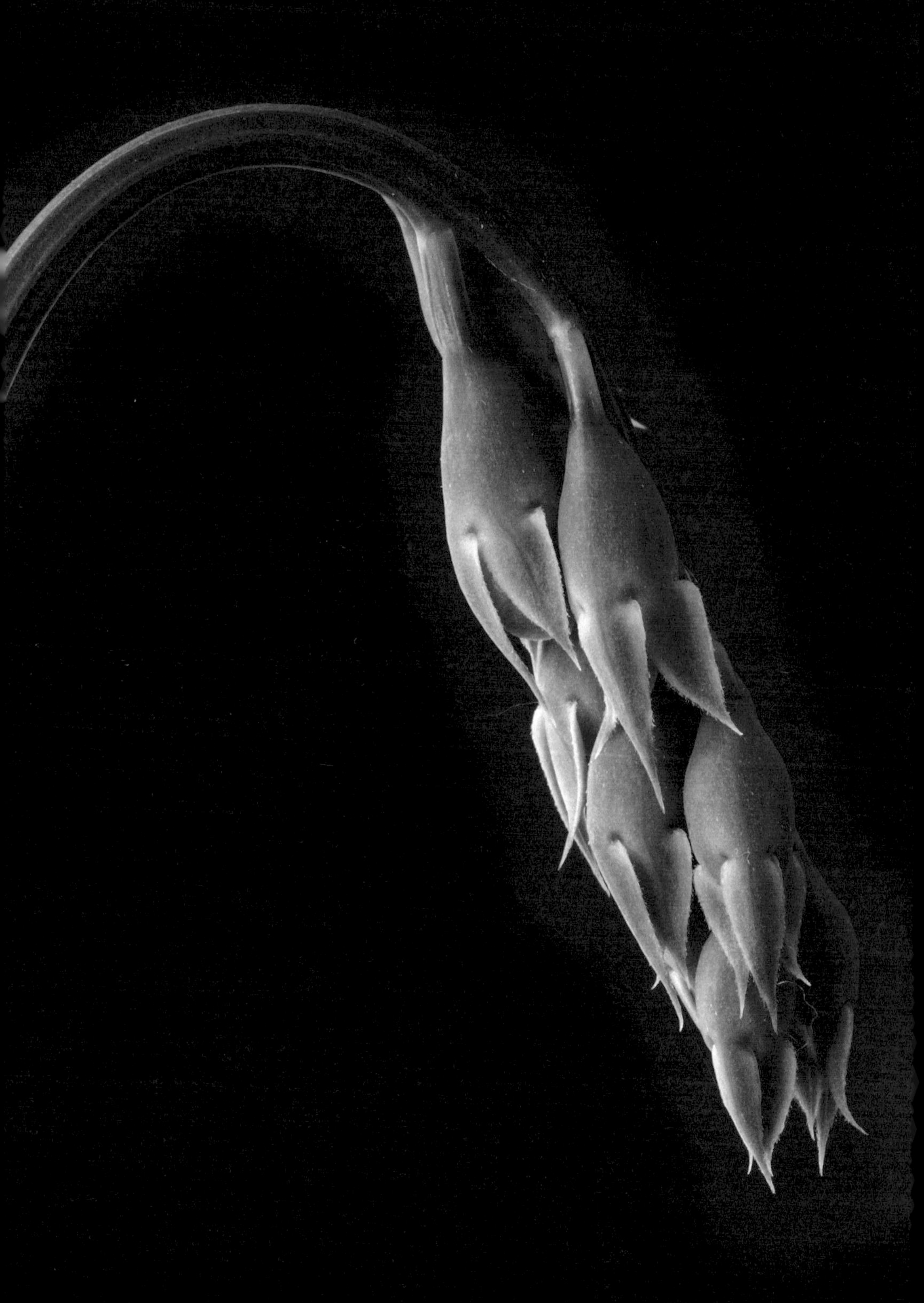

bilder

Martin Kreuels

bilder von dir
bilder im kopf
bilder an der wand

traumfrau
frau meines lebens
frau für die ewigkeit
zusammen altern

gestorben im november
regen
beerdigungssonne
wieder regen

schmerzen in der seele
ablenkung versucht
arbeit zu viel
kinder zu laut

will zu dir
darf nicht
muss aushalten
muss durchhalten
muss leben lernen

mühsam
anstrengend
weg finden

lachen ist gemalt

Martin Kreuels

freundlichkeit
lächeln
hilfsbereitschaft
nichts zu viel

für andere

für mich
kein lächeln
bin blind
bin taub
watte im kopf

suche dein gesicht
suche deine wärme
suche dich

will dich
anfassen
riechen
küssen

bin leer
bin gestorben
bin nur hülle
bin nur maske

tag

Martin Kreuels

und wieder ein tag geschafft
warum
wozu
weshalb

kinder sind fröhlich
ich nicht
sehe deine bilder
keine antworten
sehe dein gesicht
dein lächeln

vergangenheit
will es nicht akzeptieren
will es nicht wahr haben
keine zukunft

leben ohne dich
wie lange noch

ich liebe dich
lese deine tagebücher
lese deine fragen
lese deine sorgen
habe nichts gespürt
du hast nichts gesagt
tag aus tag ein, schmerzen
es tut immer weh
weine
weine
weine
es wird nicht besser

Zeit

Martin Kreuels

Zeit heilt Wunden
Zeit ist wie Schnee
Er deckt alles immer weiter zu
Nur noch eine Ahnung
Nur noch Umrisse

Zeit, die vor mir liegt
Ist lang
Ist quälend
Ohne Ende

Zeit, die hinter mir liegt
Ein Augenblick
Verloren
17 Jahre vorbei
nur noch Gedanken

Zeit ist immer gleich
wir haben keinen Einfluss
wir treiben

Sinn

Martin Kreuels

Das Warum gibt es nicht
Die Frage nach dem Sinn Deines Todes stellt sich nicht
Die Frage nach meinem Sinn ist, was mich umtreibt

Warum soll ich weiter leben
Warum soll ich den nächsten Schritt tun
Wenn ich doch lieber sterben würde
Um bei Dir zu sein

Das Leben ohne Dich ist unerträglich
Nichts macht Spaß
Nichts tue ich gerne
Immer nur Alltag
Immer nur Pflichten
Das Leben nicht auszuhalten können
Alleine
Einsam
Kein Kontakt zu Dir

Wieder...

Martin Kreuels

Fernsehn, Pizza, Rotwein
ein Krimi läuft
Stille im Haus
die Heizung heizt
es ist kalt

ich sitze auf dem Sofa
habe eine Jacke an
vor mir der Laptop
daneben Telefon und Handy

ich warte auf
Emails, Anrufe
der Fernseher läuft
der Krimi ist vorbei
die Nachrichten

ich will alleine sein
will meine Ruhe
es ist zu still
Gedanken in der Seele

die Seele hat nur einen Rand
ist unvollständig
hat keine Form mehr

eine Frau in Gedanken
nicht die Frau, um die ich trauere
eine schöne Frau
eine intelligente Frau
eine interessante Frau

...zu früh

Glück

Martin Kreuels

Glück gehabt
Dich im Museum zu treffen
Glück gehabt
mit Dir in den Urlaub fahren zu können
Glück gehabt
Deine Nähe zu spüren
Glück gehabt
Deine Wärme zu spüren
Glück gehabt
mit Dir eine Familie gründen zu können
Glück gehabt
vier gesunde Kinder zu bekommen
Glück gehabt
mit Dir leben zu dürfen
immer wieder ganz viel Glück gehabt

Nun bist Du tot.
Das erste mal Pech gehabt.

Dankbarkeit fällt mir schwer
für die gemeinsame Zeit
für Deine Nähe
für Deine Wärme
für Dein Lachen
für die Gespräche mit Dir
für die Nächte

ich vermisse Dich

Wie sieht neues Glück aus?
Ist Leben ohne Dein Glück möglich?

Katharina Roder

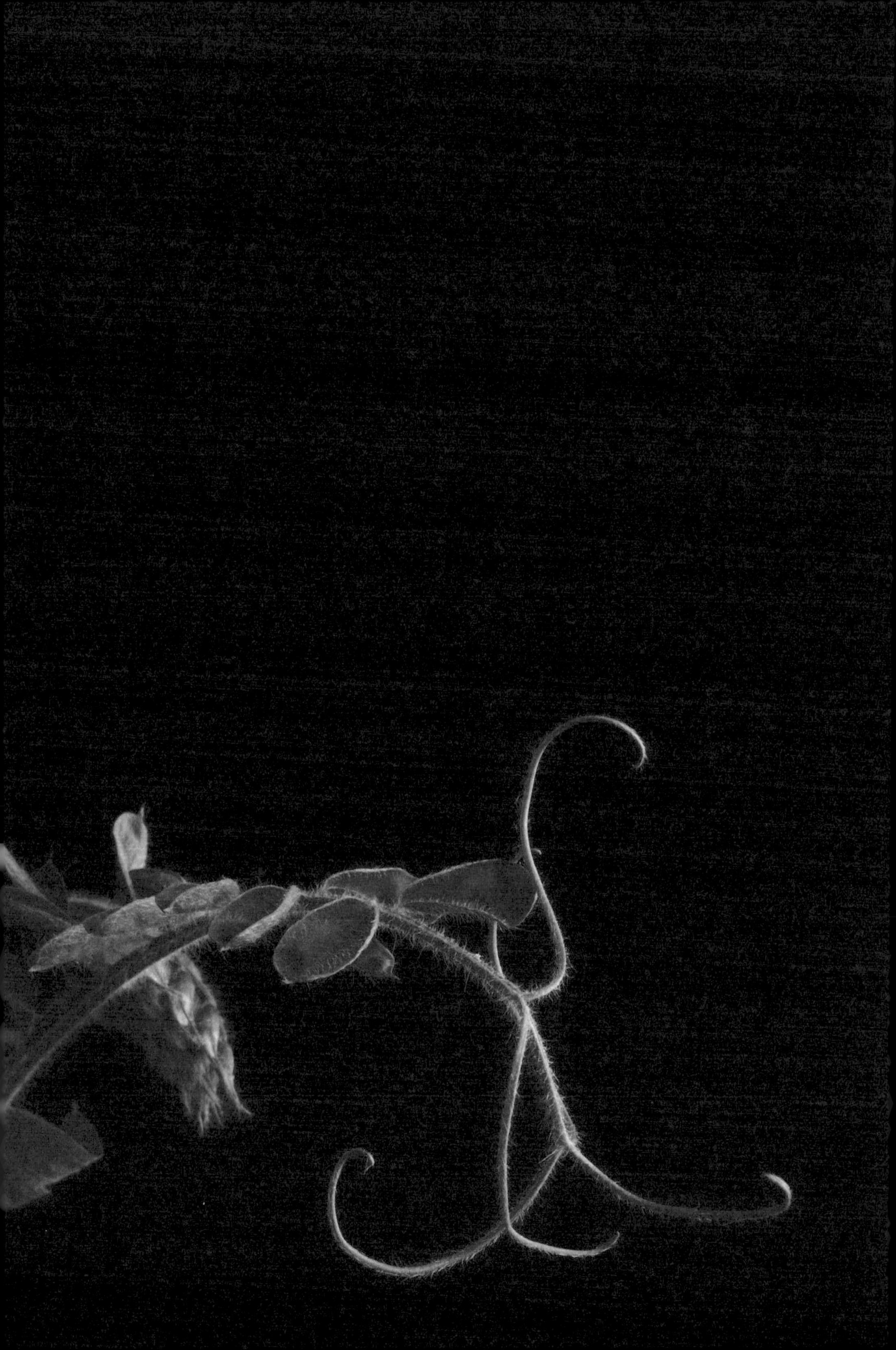

Abschied I.

Katharina Roder

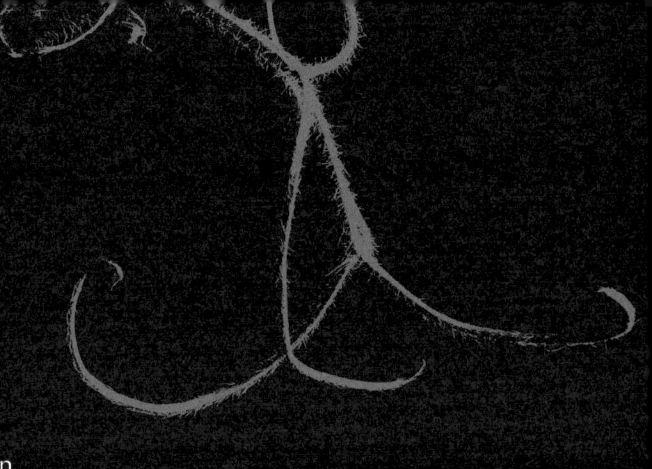

Trauernde Unendlichkeiten

im Labyrinth der Todgeweihten

laufe ich Schritt um Schritt

mit angstverzerrtem Blick

dem Schicksal entgegen

und wünsche mir der Paradoxie zu entfliehen

in der die Anfänge des Lebens

sich zum sofortigen Ende erheben

Grausame Härte und gefühlloses Schweigen

auf die Bitte um ein kleines Verweilen

und im Tosen der Mächte

werde ich erdrückt und ertrinke

in all den Schmerzen

den nackten Ängsten

Und im verzweifelten Versuch

um einen letzten Atemzug

muss ich dir nun sagen

du wirst nicht nur mich zu Grabe tragen

das Leben unter meinem Herzen

hat sich soeben dem Tode ergeben

Abschied II.

Katharina Roder

Gerötete Augen

und das einzige

was ich sehe

sind Erinnerungen an dich.

Die Tränen verwischen die Realität

und ich tauche hinein

in vergangene Zeiten

die viel zu schnell vergangen sind.

Ich sehe dich

ich rieche dich

und ich spüre dich

deine Berührungen lassen mich

an dich glauben.

Ich habe es fast geschafft

mir eine neue Vollkommenheit

der Gefühle zu schaffen

wenn da nicht dein Name wäre

der in goldener Schrift

auf dem Grabstein verewigt ist

und mir vergebens klar machen will

dass du gegangen bist.

Beginnendes Ende

Katharina Roder

Kleine Frucht

musst gebettet werden

warm und sanft

genährt und beschützt

im Leib der Mutter

um zu wachsen

und zu reifen

du kleine Frucht

Ich kann es dir nicht bieten

verlorenes Wesen

mein Nest ist nicht warm

nur faul und krank

es stößt dich hinaus

ganz ohne Erbamen

Der Schmerz in meinem Herzen

kann dich auch nicht erretten

so wirst du verstoßen

aus Mutters Schoß

und musst elendig sterben

Ein letzter Kuss

Katharina Roder

Zerbrochene Spiegel

Kerzenreste glühen

werden ausgehaucht

nach und nach

Stille herrscht im Raum

atemlos

aus offenen Wunden entweicht Leben

unaufhörlich

Der Körper königlich gebettet

im blutroten Samttuch

Kein Lächeln mehr für dich

keine Worte mehr zu dir

ein einfaches Schweigen

fast wie es immer war

Die Schuldfrage stelle dir jetzt nicht

du bist nicht angesprochen

nie wieder

Gib ihr deinen letzten Kuss

jetzt ist es deine Sache

damit fertig zu werden

denn sie ist nicht mehr da

um deine Tränen wegzuwischen

so wie du es so oft bei ihr getan hast

In meiner Trauer

Katharina Roder

In meinen Armen deinen Körper gelegen

Doch du bist weit weg

Ich kann dich nicht spüren

In meiner Seele ein Strom aus Tränen

Doch meine Augen ganz trocken

Ich kann nicht mehr weinen

Vor meinen Augen dein Blick ganz sa

Doch ist er verloren

Ich seh´ dich nicht mehr

In meiner Hand deine ganz sanft

Doch ist es nur Trug

Ich laufe allein

In meinem Herzen die Liebe zu dir

Doch ist sie ganz einsam

Ich bin so verloren

In meiner Trauer um deinen Tod

Doch weiß ich es kann nicht

Ich will dich zurück

Lebe wohl

Katharina Roder

Ich suche nach der Kraft „lebe wohl-

auf nie mehr wiedersehen" zu sagen.

Hilflos liege ich hier

und kann nicht verstehen,

dass es für mich hier nichts mehr gibt:

nichts zu lieben,

nichts zu geben,

und auch nichts zu nehmen.

Ich liege nur hier

und kann nicht mehr leben

kann auch nicht sterben

denn irgend etwas fehlt,

irgendein Traum wurde noch nicht gelebt,

irgendein Mensch nicht genug geliebt.

Oder ist es das nicht

und ich will einfach nicht glauben,

dass die Welt auch ohne mich

weiter zu existieren vermag?

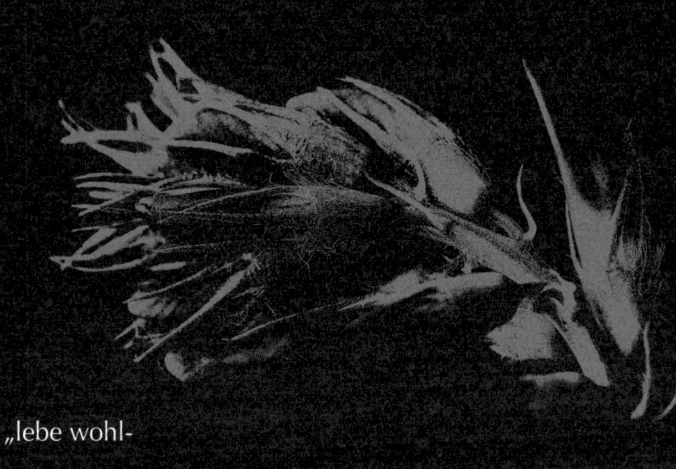

Sprich

Katharina Roder

Stirb nicht einfach so,

geh nicht ohne ein Wort von dir,

sag mir vorher wer du bist

und warum du dich so abgrundtief hasst.

Gib mir Antwort auf meine Frage,

was dich so elendig hoffnungslos macht.

Füll´ die Lücken, die du hinterlässt,

wenn du deinem Leben nun ein Ende setzt.

Sag mir, bevor du gehst,

warum du dich so nutzlos fühlst,

was der Grund ist, dass du mich verlässt,

mich in meinen Tränen stehen lässt.

Sag meiner Liebe, die dich verzweifelt fragt,

warum sie dich nicht zu retten vermag.

Bevor du mir nun deinen Abschiedskuss gibst

sprich nur ein einziges mal ehrlich zu mir

und sag mir wie erdrückend leer du dich fühlst,

wie krank und müde dein Herz in dir schlägt.

Danach kannst gehen

und dir dein Leben nehmen.

Todesnacht

Katharina Roder

Die ganze Nacht durch

liegst du da

und die Hoffnung ist verloren

schwarze Vögel durch schwarze Nächte

und dein Auge ist unfähig

ihre Wege zu sehen

die Vögel fliegen weiter

und die Nacht wird tiefer

dann glaubst du erdrückt zu werden

von den düsteren Gestalten

die die Lüfte beherrschen

und die Schreie deines Schützlings

scheinen dein Gehirn zu zertrümmern

bis die tödliche Stille eintritt

sie läßt dich wissen – du bist jetzt alleine

dann siehst du die Blumen

die du auf sein Grab legen wirst

um dort zu vergehen,

wie der Sinn deines Lebens

Tränen

Katharina Roder

Ich habe dir die Sterne gezeigt

und du hast sie geliebt.

Ich habe dich emporgehoben,

denn du wolltest sie berühren

und du hast geweint,

weil du es nicht geschafft hast.

Nun bist du emporgestiegen

und hast die Sterne berührt

und ich weine,

weil du es geschafft hast.

zur Person

Katharina Roder

aufgewachsen in Bad Nauheim

Krankenschwester

und Diplom Heilpädagogin

wohnt in Münster

Sterben und Trauer sind beruflich aber auch privat

immer wieder Thema

zur Person

Dr. Martin Kreuels

geboren in Kevelaer (Niederrhein)

Biologiestudium in Münster

tätig als selbständiger Biologe,

Fotograf und Sterbebegleiter

verwitwert

vier Kinder

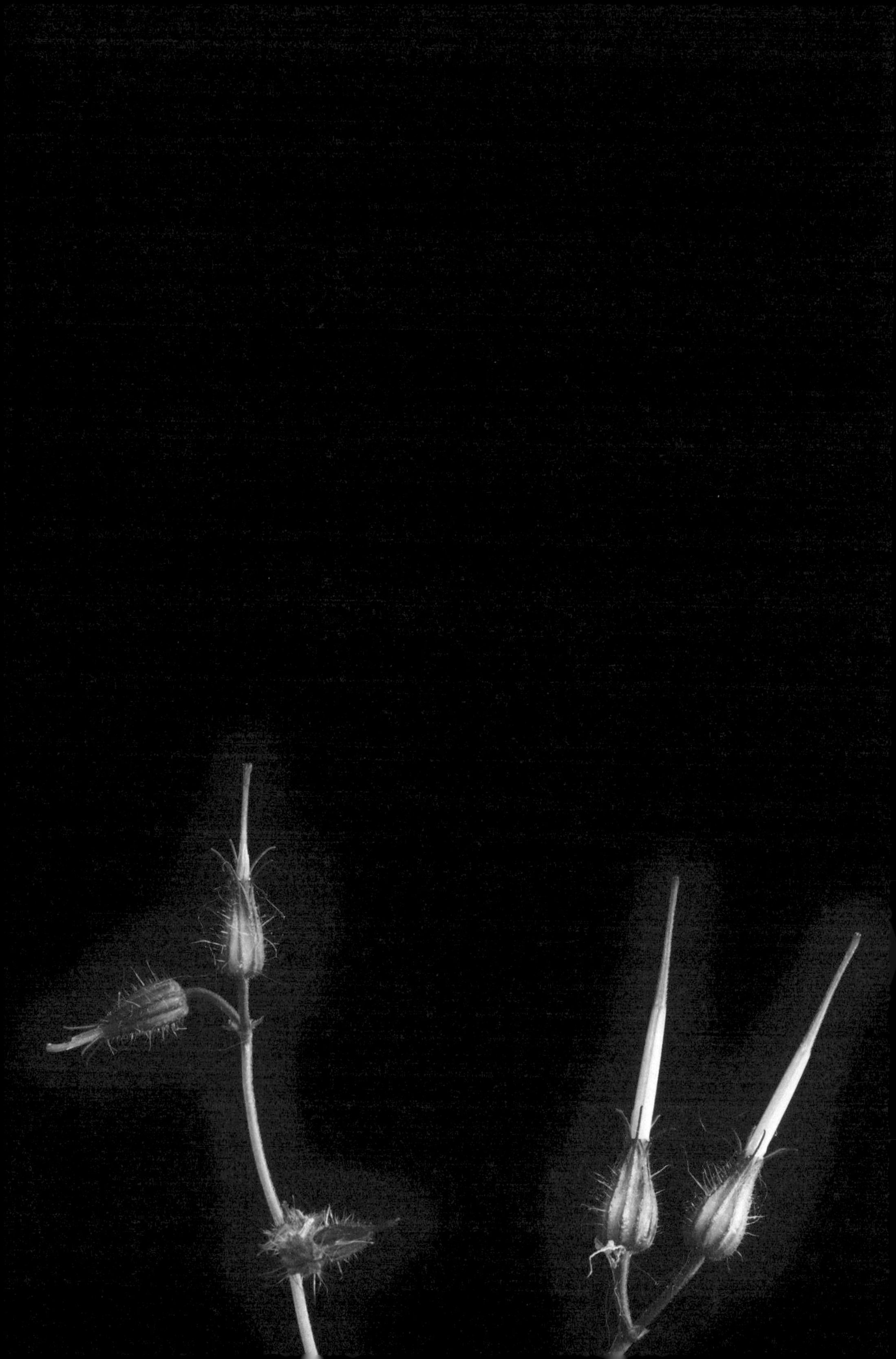

Impressum

© 2010 Dr. Martin Kreuels, Katharina Roder

Umschlaggestaltung, Satz und Layout: Ingrid Weide

Herstellung und Verlag: Books on Demand GmbH, Norderstedt

ISBN 978-3-8391-8364-9